COLLECTION
Âme sœur

QUELQUES SECONDES
d'éternité

Recueil de poésie sentimental

VASUKI WOEHREL

© 2024 Vasuki Woehrel
Édition : BoD - Books on Demand, 31 avenue Saint-Rémy,
57600 Forbach, bod@bod.fr
Impression : Libri Plureos GmbH, Friedensallee 273,
22763 Hamburg (Allemagne)

Photographe : Alina Rossoshanska / modification : Vasuki Woehrel
ISBN : 978-2-3225-5975-6
Dépôt légal : Septembre 2025

À celle qui est entrée dans son esprit sans jamais en ressortir.

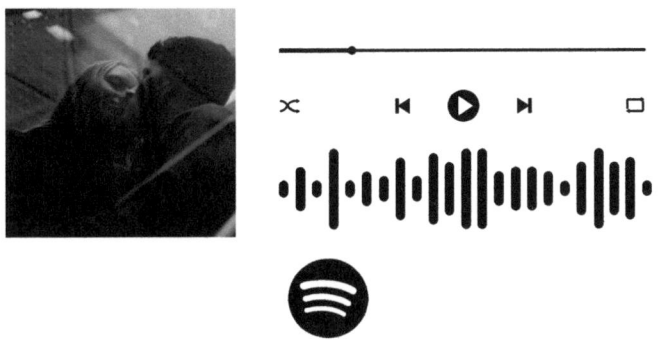

Scannez la playlist sur votre application Spotify pour accompagner votre lecture en musique.
ou
https://tinyurl.com/quelquessecondesdeternite

L'éveil

Sa main nouée à la sienne, il sentait chaque ligne épouser les siennes avec une perfection troublante. Hors du temps, affranchis des lois et des convenances, leurs battements défiaient le monde, insoumis. Mais il avait suffi d'un frisson, d'un effleurement de ses doigts sur les siens, pour apaiser l'ardeur naissante et briser les dernières entraves.

Alors, il s'est élancé, l'entraînant dans son sillage.
D'abord timidement, comme une invitation à quitter sa zone de confort, sans jamais la contraindre à suivre ses pas. Puis, doucement, il la propulsa en avant, tel un papillon survolant l'aube, n'attendant qu'un souffle pour s'élever.

Et au premier battement d'ailes, il la vit sauter, libre et lumineuse, un ange suspendu dans l'azur, irradiant comme un diamant.

Une muse

Chaque note qu'elle effleurait sur le piano semblait libérer ses émotions.

Détonnantes et pures.

À chaque mélodie, il en demeurait sans voix. Attiré par sa présence, il la rejoignait aussitôt sur ce banc, les genoux flageolants, incapable de rester debout, figé devant tant de grâce.

Ses doigts dansaient sur l'ébène et l'ivoire, tissant une harmonie qu'il apprendrait bientôt par cœur. Et dans cette symphonie, elle donnait des couleurs à son monde.

Elle était tout simplement sublime.

Les rituels

Il y avait ces matinées dont il n'aurait rien changé.

L'arôme du café se mêlait aux effluves du thé, le parfum des tartines s'opposait à celui des céréales, et les verres de jus s'égaraient parfois sur la table.

Mais au milieu du tumulte, il y avait leurs doigts noués, et ses lèvres, aussi douces qu'un miel dérobé.

Son idéal

Blotti dans ses bras, la tête posée sur son épaule, son cœur battant contre le sien, il retrouvait une harmonie familière, comme l'écho d'une vie passée à la chercher sans le savoir.

Il n'avait suffi que de quelques secondes, ce jour-là, pour que son monde bascule dans son regard. Pour la première fois, il se noyait dans un océan, submergé par des émotions inédites.

Elle était sa reine, celle qu'il porterait fièrement au-dessus de lui, celle qu'il ne cesserait de révéler à l'Univers, telle qu'il la voyait, en toute circonstance.

Unique.

Ici, dans ses bras

Quand ils étaient seuls, tout prenait une nouvelle dimension.

Le temps s'étirait, les regards s'intensifiaient, les gestes s'adoucissaient. Sa voix, ses souffles… Tout était plus vrai. Ils étaient eux-mêmes, un privilège rare, jalousement préservé, qu'il ne voulait offrir à personne d'autre.

Aucune barrière, aucune distance émotionnelle. Ils étaient juste eux, fusionnels.

À travers vents et marées

À la moindre tempête, il voulait qu'elle sache venir vers lui, comme à la maison. Dans ses bras et dans ses draps, il lui vouait la chaleur d'un havre de paix qu'elle pouvait regagner en toute circonstance pour se ressourcer.

D'un soutien indéfectible, il était prêt à affronter tous les tourments du monde, tant qu'ils étaient ensemble.

Car ils étaient leur plus beau refuge, à cœur ouvert.

La liberté

Lorsqu'il la croisait, un incendie naissait dans son cœur. Comme une flamme qui se déclare, sans entrave, sans retenue.

Une vague de fièvre le terrassait à chaque instant, brûlant le temps et le rendant immortel. Chaque frisson le dévorait d'une passion insatiable.

Huit milliards de personnes dans le monde, et c'était elle, sa seule échappée.

Clair-obscur

Parmi la foule d'inconnus, il la reconnaissait instantanément. Son parfum et sa présence attiraient son attention bien avant que sa voix ne laisse échapper quelques éclats de rire.

Il n'avait pas besoin de boire pour être ivre d'elle ni même de la voir pour être fou d'elle.

Dans le silence, il n'y avait qu'elle, la plus éclatante de toutes les lumières.

Un homme

Il y avait des étapes qu'un garçon devait franchir pour quitter sa jeunesse : les études, les responsabilités, apprendre à les assumer.

Puis elle était arrivée, si soudainement.

Il ne s'était pas attendu à devenir un homme grâce à elle, celui qui était prêt à tout pour agrandir le monde, rien que pour elle.

À bout de souffle

Un battement de cils, et il perdait la cadence d'un cœur qu'elle lui avait déjà volé. Avec un sourire narquois, elle s'approchait de lui, sans hésitation, comme chaque fois que l'attente devenait insoutenable.

Sa main tatouée effleurait ses hanches, tandis qu'elle se suspendait à ses épaules, une lueur de défi dans les yeux, comme une promesse tacite du jeu à venir.

À travers les regards, elle exprimait ce qu'elle aurait pu dire par mille mots, et lui, le premier, fut soufflé par celle qui irradiait entre ses bras.

Ciel

Chaque grain de beauté sublimait sa peau, comme parsemée de poussières d'étoiles.

Glissant son regard sur chaque courbe de son dos, que ses doigts connaissaient par cœur, il caressait la femme qui ravivait son monde au moindre de ses gestes.

Alors qu'elle passait sa jambe par-dessus la sienne, sous les draps qu'ils regagnaient ensemble chaque soir, il l'attira à lui par la taille, comblé d'avoir la plus magnifique constellation pour lui, le temps d'un instant.

La plus brillante.

Sa safe place

Lorsqu'elle cédait à l'envie de venir s'allonger près de lui, se blottir dans ses bras.

Sillonnant jusqu'à son propre cœur, elle libérait des battements qui résonnaient en lui, comme un écho parfait, en totale harmonie.

Dans le silence, à travers ses regards et ses gestes, il s'épanouissait. Il était né pour ça.

Le monde tourne

Tournoyant dans une robe aux nuances aussi infinies que la couleur de ses iris, elle lui offrait un sourire charmeur, aussi irrésistible qu'un miaulement de chaton.

D'un simple regard, elle ébranlait son monde. D'un murmure, elle contrôlait le rythme de son cœur qui scandait son nom.

Parce qu'il n'y avait qu'elle, depuis de nombreuses vies.

Pause

Une merveille.

Il écoutait sa respiration se ralentir, minute après minute, tandis qu'il caressait sa longue crinière de feu.

La voir s'endormir près de lui était une vision qu'il n'aurait jamais imaginée aussi précieuse, transformant cet instant en un souffle arrêté dans le temps.

Elle était la parenthèse d'une vie, celle qui existait dans une autre réalité, authentique et intime.

Parce qu'en sa présence, tout devenait aussi unique que chaotique. Plus rien n'avait de sens, tant elle le rendait sauvagement doux.

Harmonie

Il ne l'avait pas cherchée, il l'avait reconnue. Elle avait ce petit quelque chose qui provoquait une résonance dans son cœur.

Comme ce que la musique, les étoiles et l'océan pouvaient éveiller ensemble.

Une passion déferlante, balayant tout sur son passage, d'un seul regard. Elle le secouait, le déchaînant dans une symphonie désordonnée.

Et à chaque fois, il tombait à genoux.

Entre les lignes

Il y avait ces petits détails qui attiraient indéniablement son attention.

Ce froncement de sourcil unique face à un problème, l'éclat dans ses iris azurés quand elle réfléchissait, ses sourires alors qu'elle trouvait la solution, cet air fier qu'elle affichait lorsqu'elle l'était. Cette moue à chaque fois qu'elle remarquait son mot surprise, ce claquement de langue au moment où elle lisait ses taquineries.

Puis, son visage qui se tournait vers lui, à travers la foule.

Il ne nierait pas longtemps qu'il adorait voir ces différences, discrètes, mais infiniment précieuses, à la dérobée.

Le chemin

Les plus belles soirées ne nécessitaient pas d'être vécues à l'autre bout du monde.

Affalés sur le canapé, lorsqu'ils se retrouvaient, il adorait faire glisser négligemment sa main sur ses courbes, pendant qu'elle lisait un livre à voix haute. Il lui suffisait de parler, de raconter des légendes, pour que celles-ci prennent vie d'un simple chuchotement, comme un fil invisible se tissant sous ses mots.

Entre ses doigts, dans le reflet de ses iris, tout devenait réel.

Et c'était là le plus beau des voyages, celui où il écoutait le murmure de son cœur, tandis qu'elle s'endormait paisiblement contre lui.

Bleu

À chaque frôlement de sa main, la parenthèse s'ouvrait, celle d'un vie d'un bleu infini, plus vaste qu'il n'aurait jamais imaginé.

C'était un monde qu'il déposerait à ses pieds, lui faisant une promesse silencieuse : être à ses côtés, pour la voir découvrir l'éternité à travers les brèches azurées du ciel.

Accro et à cran

Il y avait ce manque, ce pincement sourd, lorsqu'il ne l'apercevait pas. Une douleur que ni les cigarettes, ni l'alcool, ni les défis qui ponctuaient ses journées ne pouvaient apaiser.

Et il lui suffisait de la voir pour que, soudainement, le calme s'installe, sauvage et pur. Il lui suffisait qu'elle soit dans ses bras pour que ses battements de cœur le bercent, mélodieusement, et le ramènent à la réalité.

Un battement

Un simple battement de cil avait suffi à l'emporter dans une vague incandescente.

Se noyant dans une douce folie, ivre de passion, plus impétueuse qu'il n'avait jamais imaginée, il s'était accroché à ses hanches, sentant ses martèlements de cœur contre son oreille.

Et ce fut l'écho le plus merveilleux qu'il ait jamais entendu, comme la mélodie d'une vie entière.

Le feu d'artifice

    Tous deux accoudés à la rambarde du balcon, tandis que la parade défilait en contrebas, il la vit sourire, ses yeux pétillants d'une innocence enfantine. Enserrant sa taille, elle se calait contre son dos, et il lui expliquait l'histoire de chaque char, chaque tenue, chaque maquillage, chaque accessoire. Elle lui agrippait la main, l'empêchant de pointer du doigt, tout en partageant, à chaque découverte, les battements de son cœur. Le monde à ses pieds.

    Puis soudain, il devint sourd à la foule, l'Univers se réduisant à elle, au moment où elle se tourna vers lui. Lorsqu'elle se haussait sur la pointe des pieds, son regard oscillant entre ses iris avant de chavirer sur ses lèvres.

    Elle était spectaculaire.

L'excuse

Il était rare de la voir se maquiller en pleine journée, cessant ses révisions pour s'installer devant sa coiffeuse. Dans le reflet du miroir, il l'observait, en mêlant les nœuds de sa propre cravate, surpris par la minutie avec laquelle elle appliquait un simple rouge à lèvres, avant de s'interrompre pour se pincer la bouche, comme perdue dans cet instant.

Un seul geste, et tout s'arrêtait.
Son cœur, la terre, tout se figerait.

En quelques pas, il la rejoignait, luttant à peine contre l'envie irrésistible d'étaler du baume sur sa peau, murmurant des mots doux qui la firent rougeoyer.
Elle se tourna alors vers lui, attrapant sa main avant de se lever, lui permettant de la prendre dans ses bras malgré ses protestations.

Ils seraient définitivement en retard pour toutes les soirées auxquelles ils seraient invités.

Au sommet

Tirant la langue comme une enfant, manquant de perdre son équilibre, elle le dépassait à vélo, riant aux éclats, le défiant de tout donner pour tenter de la rattraper. Après quelques minutes sur un chemin escarpé, ils déboulèrent enfin sur une plaine, se retrouvant au sommet de la falaise, avec une vue imprenable sur le ciel rougeâtre.

Lâchant leurs bicyclettes sur le sol, ils observaient la nature dans toute sa splendeur, le bruit des vagues se mêlant aux battements de son cœur et à son souffle erratique. Tout ça, juste parce qu'elle avait voulu être là, à ce moment précis, là où le soleil se couchait sur ce cairn de pierres, chargé de légendes.

Alors que ses yeux brillaient d'exaltation, lui se tourna vers elle, captivé par sa beauté.

Elle avait marqué son passage dans sa vie, comme personne ne l'avait jamais fait.

Renversante

Elle avait jeté l'ancre dans son existence, comme si, après des décennies d'errance, elle regagnait enfin sa maison.

Elle le faisait chavirer sous l'ouragan ravageur qui s'abattait sur lui.

Elle avait les mots

Il n'avait jamais été à l'aise avec les émotions.
Toujours aux extrêmes, désordonnées, parfois floues, elles l'abandonnaient dans la maladresse.

Mais quand les battements de son cœur s'étaient harmonisés avec les siens, l'évidence de la révélation le laissa sans voix. Il ne s'était pas attendu pas à ce qu'elle fasse un tel écho à son âme. Elle libérait ses sentiments avec une telle force qu'ils devenaient incontrôlables.

Il manquait peut-être des mots, quand elle les avait de manière si juste, mais il espérait posséder tous les gestes pour elle.

Le coffre à souvenir

    Elle avait cette habitude à laquelle il ne devait jamais déroger, un rituel qu'elle lui avait transmis : la guider jusqu'au tronc de son arbre fétiche, dans le parc.

    D'année en année, elle creusait pour déterrer un vieux coffre hérité de sa mère, qu'elle remplissait de mots destinés à son futur. Chaque année, elle s'amusait à les relire, observant les aboutissements de ses rêves à travers les réalités qu'elle vivait.

    Alors qu'elle griffonnait déjà des pages avec son stylo, concentrée, il avait eu le temps de plier sa feuille et sortir son tabac. Sous le regard accusateur de la jeune femme, il glissa précipitamment sa note pour l'avenir dans la malle, lui sommant de ne pas l'ouvrir avant l'an prochain.

    Puis, détournant son attention en se moquant gentiment de son écriture scolaire, il préférait la savoir assez patiente pour attendre quelques saisons, le moment venu de découvrir ce en quoi il croyait un jour.

    Elle était son seul mot d'amour.

Un jour, une photo

Enfouissant son nez dans son cou, il l'entendit glousser, gesticulant dans ses bras tout en lui demandant de ne pas bouger pour la photo. Fidèle à ses habitudes, il effectuait tout l'inverse, se laissant envahir par son parfum, se délectant de chaque grain de peau qu'il pouvait embrasser sur sa nuque. Chaque éclat de rire faisait naître un pincement sur ses propres lèvres, la poussant à rater chaque prise, bien que chacune fût assurément une œuvre d'art.

Ses cheveux de feu, son sourire rayonnant, et sa lueur de malice dans le regard quand il s'éloignait. Puis, soudainement, ce regard langoureux, accompagné de son murmure : « Tu sens si bon. »

C'était ce portrait qu'il gardait précieusement avec lui, partout où il allait.

À contre-courant

Il avait cessé de lever les yeux à chaque remarque qu'ils lançaient.

« Trop tôt, trop jeunes, trop rapide… »

Qui avait décidé que leurs vies devaient suivre des règles, des traditions, quand chaque cellule de son corps, en parfaite harmonie avec son cœur, hurlait qu'elle était l'Élue ?

Nouant ses doigts aux siens, il sentait la force qui émanait d'elle, traverser la sienne d'un simple regard. Et il sut, avec une certitude brûlante, qu'il avait la permission de défier toutes les conventions, tant qu'elle souriait à ses côtés.

Son regard

C'était le reflet d'un monde infini.

À chaque fois qu'il les croisait, il se laissait happer dans une dimension parallèle où seul son bonheur existait. C'était à ce moment-là qu'il trébuchait, le cœur en premier.

Là où le ciel rencontrait l'océan, créant une apocalypse au cœur de ses sentiments.

Il n'avait suffi que de quelques secondes cette nuit-là pour que son Univers s'effondre sous l'emprise de son regard, des déclarations murmurées silencieusement à travers ses yeux.

C'était la première fois qu'il se perdait dans les flots, engloutis par des émotions nouvelles.

Nuance

    Elle rythmait son quotidien de touches de couleurs dont il ignorait l'intensité, dans un monde qu'il n'avait jamais vu aussi clairement qu'à cet instant.

    Le bleu profond de ses yeux.
L'auburn lumineux de ses cheveux.
Le rose délicat de ses lèvres.
Le brun de ses grains de beauté.

    Elle l'affolait par l'infinité de ses éclats, tous plus envoûtants les uns que les autres.

Voyage

Il pourrait l'emmener au bout du monde, elle resterait la première merveille de son existence.

Tendant la main vers la sienne, il ne se lasserait jamais de l'attirer contre lui, observant l'horizon s'étirer sous leurs yeux, comme s'il n'attendait qu'elle pour se dévoiler autrement.

De tous les chemins empruntés, elle était sa plus belle destination.

Car la seule vie qu'il chérissait vraiment était celle où elle reposait contre son cœur.

Un brasier

Elle le consumait.
Encore et encore.

Elle faisait de lui un phénix, éternellement voué à voir ses ailes se brûler et renaître sous l'ardeur d'un seul de ses baisers. De ceux qui murmuraient encore des histoires, même dans le silence.

Les mots s'enflammaient sur sa langue, prêts à s'embraser dès que sa bouche frôlerait sa peau.

L'envol

Chaque soir, il la prenait dans ses bras.
Ses lèvres, égarant des baisers brûlants sur sa nuque, remontaient jusqu'à son oreille pour y murmurer un secret qu'il voulait ancré en elle.

Combien il était fier d'elle.
Combien il marcherait à ses côtés pour qu'elle accomplisse chacun de ses rêves.

Et, tandis que les nuits s'étiraient, à chaque regard, à chaque étreinte, il l'aidait à s'élever. Il serrait sa main dans la sienne, lui laissant la force d'affronter le vertige et le vide qui nouait son ventre.

Il lui offrirait ses propres ailes.
Et il sauterait avec elle, sans la moindre hésitation.

Intemporelle

Sous les rayons d'un été, elle balayait son existence comme une pluie d'automne, faisant naître en son cœur une rose de printemps, parsemée de flocons d'hiver.

Toujours

Ce n'était pas un coup de foudre.
C'était un coup au cœur.

Celui qui soulevait son âme à chaque instant, qui ravivait les flammes sur la braise à chaque souffle, celui où, simplement en respirant, elle lui offrait son existence.

Il ne pensait qu'à elle. À chaque triomphe, son unique désir était de voir son sourire.

Car si ses yeux brillaient, c'était seulement le reflet de son amour. Un coup tombé du ciel, dont l'écho résonnait comme le tonnerre d'une vie antérieure.

C'était elle, pour l'éternité.

Sur cette terre

La porter, pour la déposer soudainement sur le rebord de la fenêtre, faisait toujours jaillir un rire mélodieux de celle qui brillait comme mille soleils. Il ne savait pas ce qui l'éblouissait le plus : ses cheveux flamboyants, son sourire radieux ou son regard pétillant.

Mais tout ce qu'il avait à faire, c'était lui voler un baiser pour s'échapper au paradis.

Tout et son contraire

Elle avait ce don d'apaiser son âme d'un mot, d'un geste, d'un regard. Quelques paroles, sa main cherchant la sienne, et cet azur qui le plongeaient dans une transe infinie.

Aussi irréel que naturel, il perdait pied dès qu'elle était là, sans jamais vouloir se rattacher à autre chose. Il ne rêvait que de l'attirer avec lui, vers cette liberté sans fin.

À l'instant précis

Adossé contre l'encadrement de la porte d'entrée, il savourait cette vision d'elle, assise sur la balancelle du perron, plongée dans un livre.

Chaque année, elle attendait avec impatience les premiers flocons, un thé à la main, entourant ses bras pour se réchauffer. Elle jetait des œillades à l'extérieur, ne voulant rien manquer, finissant par relire dix fois la même ligne.

Et lorsque le silence envahit soudainement la nature, parsemée des premières neiges, il sentait son cœur battre plus fort, fondant à la simple vue de son sourire.

À ses côtés

Peu importait le nombre de fois où ils se retrouvaient à la bibliothèque - un lieu qui n'était pas vraiment dans ses habitudes, mais plutôt celles de la jeune femme - il finissait toujours par s'ennuyer en quelques minutes, décrochant de sa lecture insipide pour se concentrer sur celle qui accaparait toute son attention.

Pendant qu'elle parcourait les livres, lui, il la dévorait du regard. Et, lorsqu'il n'en pouvait plus, après quelques minutes seulement, il glissait sa chaise près de la sienne, rapprochant leurs corps. Sa main trouvait instinctivement son genou, pour calmer sa propre nervosité et lui offrir un sourire, dans l'espoir qu'elle lui en renvoie un.

Le parfum de pluie

    Parmi tous les arbres du parc, elle avait choisi celui où les fleurs pendaient encore aux branches, menaçant de tomber au moindre vent. Installée à sa souche, elle lui racontait l'histoire du centenaire qui leur apportait une fraîcheur, sans qu'il ait besoin de sortir son tabac. Bien qu'il fît mine de ne pas l'écouter, il l'observait du coin de l'œil, le nez en l'air, à l'affût du temps.

    Et la pluie tomba sur eux, aussi soudainement que les pétales qui la firent sursauter. Avant même qu'elle ne puisse courir pour chercher un abri, il agrippa sa main et la fit tournoyer comme une danseuse étoile.

    Riant aux éclats, elle se dévoilait enfin, tel un soleil qui éclipsait les ombres.

Le miel d'été

Doucement, il prenait son visage en coupe, avançant ses lèvres vers les siennes. Le souffle court, s'arrêtant finalement, il savourait cette distance réduite au silence, le cœur battant. Là, il ne sentait que son ventre se tordre sous l'attente.

Impatient de reconnaître à nouveau le goût de son ardeur, sur le bord d'un nouveau monde, ce parfum d'évasion.

Délicate

Elle n'était pas jolie seulement par son apparence. Pas uniquement à cause de ses cheveux d'or qui dégringolaient en cascade sur ses épaules le matin, ni à cause de ses yeux d'été, pétillants comme des étoiles sous une pleine lune, ni de ses grains de beauté qui parsemaient sa peau, telles des constellations.

Elle était magnifique dans ses pensées, dans ses actes. Par sa manière d'être.

Elle était née pour être réelle.

Son prénom

    Il le prononçait souvent, pas seulement pour attirer son attention lors de leurs discussions, mais surtout parce que son prénom était un délice qui le rassasiait.

    Il tournait en boucle dans son cœur, pivotant également cette bague qu'il portait depuis les premiers jours.

    Et par-dessus tout, il adorait, quand elle murmurait le sien, un effet aussi dévastateur qu'une tempête estivale dans son existence.

Tourbillon

Même sans avoir besoin de tournoyer dans ce somptueux pull trop grand pour elle pour attirer son attention, il ne cessait de la dévorer du regard. Sur un air qu'ils étaient les seuls à entendre, elle semblait surprise de découvrir à quel point il était un bon cavalier.

Elle était pourtant celle aux multiples talents, celle qui lui enlevait tous les mots dès qu'il la voyait.

Sur cet air rythmé par leurs battements, il se fit la promesse de la faire danser, chaque jour de sa vie.

Résonance

Aussi longtemps que le soleil se lèverait, et aussi longtemps que la lune brillerait au-dessus d'eux, défiant les étoiles, il savait que s'il avait à refaire ce chemin, il le recommencerait.

Parce que son âme avait choisi la sienne avant même qu'il ne s'en rende compte.
Parce que son cœur s'était lié au sien d'un simple effleurement.
Parce que tout résonnait dès qu'elle était là.

C'était son souffle de vie.

Candide

Il n'avait besoin que de tendre la main sous les draps pour effleurer un corps dont il avait passé toute la nuit à rêver. Un fin sourire éclaira son visage dès qu'il toucha sa peau.

Et il sut, par cette simple brûlure, qu'elle souriait aussi, son âme se réchauffant par instinct.

La perfection

Entrelacer ses doigts entre les siens.
Admirer le ciel se refléter dans ses yeux.
Chuter de vertige sur ses lèvres.
Effleurer le monde idéal.

C'était, à sa manière, l'une des nombreuses façons de commencer une journée parfaite.

Empreintes d'un rêve

Au soleil couchant, il n'y avait rien de plus merveilleux que de suivre ses traces de pieds sur le sable fin de la plage qu'ils parcouraient.

Si les vues imprenables étaient remplies de touristes, ils avaient choisi de s'écarter des sentiers battus et d'emprunter un chemin rien qu'à eux. Celui où tout devenait incontrôlable dès qu'elle se mettait à jouer avec lui, courant au gré du vent et riant aux éclats.

Inéluctablement, il la poursuivait, comme ce rêve qu'il tentait d'atteindre du bout des doigts, saisissant les siens pour l'attirer vers lui.

Les pieds dans l'eau, il était en feu pour elle.

Sous un ciel sans fin

Autour de lui, chacun cherchait constamment une raison d'être heureux.

Ce bonheur ultime auquel on pensait dès le réveil, celui qu'on devait satisfaire pour passer une belle journée. Comme un soleil d'hiver, ou ces nuages dans les jardins d'été. Ou ces discussions animées, ces soirées tranquilles sous un ciel sans fin.

Pour lui, il lui suffisait de la voir sourire.

Son équilibre

    Sur ce petit pont de pierre, elle avait décidé de marcher sur le rebord, jouant de son sens de l'équilibre pour affronter la peur du vide de l'autre flanc.

    Elle n'était pas celle qui avait besoin d'être protégée des maux de la vie. Lui, il savait qu'il fallait les traverser pour grandir.

    Sans même le lui promettre, il lui faisait comprendre qu'il serait à ses côtés dès les premiers doutes. Il ne serait pas loin, prêt à la rejoindre pour l'aider à parcourir les derniers mètres et se réaliser, encore meilleure que la veille.

    Alors, sur ce pont, il lui tenait la main, ne pouvant s'empêcher de voir combien elle était forte. Il était fier de son indépendance, pour laquelle il se battrait avec elle.

Ces fins de soirée

    Elle n'avait jamais été de celles qui buvaient de trop. Même lorsqu'il fallait célébrer une de ses victoires, elle restait cet ange qui, pourtant, pouvait vite se transformer en démon.

    Ce soir-là, elle était heureuse et c'était tout ce qui comptait.

    Maintenant qu'il la portait sur le dos, il voyait le bibelot qu'il lui avait offerte à son doigt, tandis qu'elle serrait ses épaules pour ne pas tomber à la renverse. Il la laissa lui piquer sa casquette à l'envers, avant de la sentir doucement s'endormir sur lui, bercée par ses pas qui les ramenaient chez eux.

Celle qui faisait le monde

Il savait pertinemment pourquoi il n'y avait rien de normal dans sa vie.

Parce qu'elle était spéciale.

Parce qu'elle transformait tout à son image, au moindre touché. Chaque détail était sublimé. Elle rayonnait sur son Univers.

Exister

Sur cette terre, il savait qu'ils étaient peu à s'être croisés sans jamais pouvoir se lâcher.

Dès les premiers instants, il lui avait été difficile de ne pas l'observer, ses gestes étrangement ralentis par le temps, de ne pas écouter le son de sa voix, même de l'autre côté de la pièce, de ne pas respirer son parfum lorsqu'elle passait près de lui.

Mais c'était encore pire lorsqu'il se perdait dans ses yeux. Le plus beau des lacs, là où le soleil pouvait se lever et se coucher, un horizon infini.

Et dans leur reflet, il se sentait complet.

Bouchée de bonheur

    Elle avait cet éclat dans les yeux à chaque fois qu'elle était surprise, oubliant même d'ouvrir le sachet qu'il lui tendait. Avec une fausse mine outrée, elle tentait de dissimuler le rouge de ses joues qui enflammait son propre cœur, avant de découvrir son dessert préféré entre ses doigts.

    Puis, elle souriait, lui offrant la première bouchée. Un sourire plus doux que les caresses des premiers rayons du soleil, celui pour lequel il consacrerait toutes les secondes de ses vies à venir. Et il n'avait qu'à se pencher vers elle pour embrasser ses lèvres, sucrées de passion.

Un joyau

Une des premières fois où il lui avait parlé, il lui avait dit qu'elle était déjà un diamant, simplement en attente d'être raffiné. Peu importe où elle allait, elle brillait de mille feux, attirant les regards et l'attention de tous, sans même le voir ni le vouloir.

Elle n'avait besoin de personne d'autre qu'elle pour être sublime. Il savait qu'il donnerait chaque instant de sa vie juste pour lui offrir la confiance nécessaire pour rayonner au-delà de lui.

Elle était la pierre précieuse qui illuminait son quotidien.

Premières fois

    Ses premières fois avaient toujours été des instants très égoïstes. La première fois qu'il avait fait le mur pour aller en soirée, la nuit où il s'était fait tatouer, celle où il était parti à l'improviste dans un pays étranger sans bagage. Tout était fait pour son propre bonheur.

    Avec elle, chaque moment prenait un sens tout autre, un sens qu'il avait du mal à saisir tant il était nouveau pour lui.

    C'était la première fois qu'il cessait de brûler dans un brouillard de nicotine, son être tout entier se consumant déjà pour elle.

Un effleurement

Il ne comprenait pas comment, en un instant, elle avait capturé son âme, sans même le savoir.

Était-ce son sourire ? Ou ses doigts qui, discrètement, se faufilaient vers les siens, comme s'ils se retrouvaient à chaque pas, malgré l'apparence d'inconnus pour le monde ?

Peut-être était-ce ce regard, celui qu'elle lui offrait alors qu'il cherchait déjà le sien. Ou bien ce parfum qu'il sentait chaque matin au moment où elle se penchait sur lui. Ou encore, était-ce parce que le temps se dérobait quand elle était là ?

Elle éclipsait tout autour d'elle, et à chaque instant, elle peignait les nuances d'une vie entière.

Il désirait n'être qu'un souffle dans cet air qu'elle lui donnait, chaque fois qu'elle prononçait ces trois mots.

Un jour

Elle tremblait comme une feuille d'automne, tandis que la pluie, tombant autour d'eux, laissait le sol vaporeux éveiller ses premiers frissons. Son sourire, unique et chaleureux, fit fondre toute distance, et ses bras l'enveloppèrent, la serrant contre lui, cœur contre cœur.

Un jour, il l'épouserait. Un jour, puis tous ceux qui suivraient.

Sous l'averse battante, le soleil brûlant, le vent imperturbable et les flocons libres.

Son astre

Lorsqu'il la voyait, étendue dans leur lit après une longue journée, il ne pouvait s'empêcher de tomber près d'elle, attiré par son centre de gravité. Un corps céleste, toujours scintillant et lumineux, qui ne le laissait jamais indifférent.

Elle devenait le moteur de sa révolution.

À la rencontre des étoiles

Il n'avait pas l'habitude de la faire patienter. Elle était la seule à qui il permettait de lui voler du temps, à tel point qu'il se surprenait parfois à compter ses pas dans cette attente qui semblait interminable.

Mais ce soir-là, il n'avait pu se résoudre à prendre un détour pour cueillir une rose sur le chemin, montant les marches quatre à quatre, réalisant à quel point chaque minute passée à chercher la plus belle fleur était une minute de trop.

Alors, quand son regard se posa sur sa silhouette, assise près de la fontaine, il s'arrêta net, ne s'espérant pas à croiser la plus sublime des déesses.

Et quand ses ambres rencontrèrent l'azur de ses yeux, il perdit son souffle.

C'était à cet instant-là que les océans s'embrasaient.

Pour le meilleur

    Elle avait toujours été d'un naturel légèrement anxieux, surtout lorsque les détails qui lui tenaient à cœur n'étaient pas aussi parfaits que dans son esprit. Ses tics nerveux, ses regards parfois brillants… Par moments, elle se sentait dépassée, perdant le contrôle. Et bien qu'il adorait la voir se libérer des barrières qu'elle s'imposait, il préférait être là, à ses côtés, au moment où ses émotions l'emportaient et que les larmes coulaient.

    Il prenait dès lors son visage dans ses mains, essuyait délicatement ses chagrins du bout des pouces, glissant sur ses joues, avant de poser un baiser doux sur son menton.

    Dans ce silence, il lui murmurait que le meilleur était encore à venir, qu'elle franchirait chaque obstacle en atteignant enfin le bonheur.

    Et il veillerait sur elle, toujours.

Sous le charme

Lorsqu'elle lui parlait très sérieusement, assise à la table de la terrasse qu'ils avaient choisie pour passer la soirée, il lui arrivait souvent de la perturber, simplement en posant sa main sur son genou.

Croisant les pieds, il effleurait sa jambe avant de se pencher vers elle, presque sans y penser, juste pour saisir son verre.

Ce qu'il adorait par-dessus tout, c'était sa résilience à poursuivre son discours malgré ses joues qui rougissaient.

Et encore plus lorsqu'elle se surprenait elle-même en constatant qu'il ne manquait rien de son spectacle, tout en relançant le débat avec une facilité déconcertante.

Évasion

Courant sur le ponton du lac, il la voyait écarquiller les yeux à mesure qu'il avançait vers elle, les rayons du soleil dansant sur sa peau hâlée par l'été.

Ils avaient passé des heures à se perdre dans la nature, laissant les paysages nourrir leurs rêves d'évasion. Lui, se surprenait déjà à bâtir des royaumes pour elle, espérant qu'un jour elle accepterait d'être sa reine.

Elle n'eut conscience de son manège que lorsqu'il la saisit dans ses bras, riant, avant de basculer dans l'eau avec elle. Il lui ferait découvrir le monde sans la prévenir, emportant son cœur dans des aventures infinies.

Peu importaient les chemins qu'il empruntait, tout le menait vers elle.

Reflet du destin

Au milieu de ces lanternes qui s'envolaient dans le ciel étoilé, il l'attira doucement contre lui, enfouissant son nez dans le creux de son cou, savourant son parfum enivrant.

Lorsqu'elle réalisa qu'il embrassait sa peau, elle se tourna dans ses bras, les yeux brillants sous le spectacle au-dessus d'eux.

Mais dans le reflet de ses prunelles, il apercevait le plus beau des futurs. Un avenir qui défierait le temps, l'espace. Un horizon qui lui donnait envie d'être le meilleur pour elle. Parce qu'elle était déjà parfaite, telle qu'elle était.

Le serment

Dès son premier souffle près de ses lèvres, une onde douce s'était glissée en lui, s'infiltrant dans ses veines jusqu'à son cœur, éveillant chaque fibre de son être. Comme un éclat de lumière serpentant dans les moindres recoins de sa vie, elle y avait inscrit son empreinte, là où son prénom résonnait dans chaque cellule de son corps, d'une force insoupçonnée.

Ce soir-là, ce n'était pas juste une bague qu'il lui offrait. C'était sa main, tendue vers elle, une promesse de chemins à parcourir ensemble.

Et elle avait dit oui.

L'aube à deux

Parfois, il se réveillait avant elle, s'extirpant silencieusement du lit. Dans la cuisine encore endormie, il s'affairait à préparer son petit-déjeuner, sifflotant doucement, un sourire aux lèvres à l'idée de commencer la journée avec elle.

Mais, sans un bruit, une paire de bras s'enroulait déjà autour de son torse, le faisant sursauter au moment où il lui servait son thé préféré.

Où qu'ils soient, son corps réagissait au sien. Ainsi, lorsqu'elle posa sa joue contre son dos, il s'arrêta net. Ses battements incandescents embrasaient toute pensée, ne laissant d'autre choix que de se tourner vers elle… et d'admirer la première lumière du monde.

Coquelicots

Au milieu des pétales tombant sous leurs pas, elle lui tenait la main, l'entraînant à travers le champ qui s'étirait jusqu'à l'horizon. Les derniers rayons du soleil s'accrochaient à ses cheveux, illuminant son rire cristallin à chaque tige effleurant ses chevilles, soulevant une robe légère aux promesses de printemps.

Mais encore hors des saisons, elle bourgeonnait dans son cœur. Aucune fleur ne rivalisait avec la teinte de ses lèvres, là où même le ciel semblait s'incliner, tout comme lui. Alors, il la retint un instant, glissant ses mains sur ses hanches avant de la serrer contre lui.

Seuls, au milieu du monde, et c'était suffisant pour qu'il lui réponde par un sourire.

L'évidence

Quand le bonheur se nichait dans la simplicité, il la pressait contre lui, son dos contre son torse, son menton reposant sur son épaule dénudée.

Elle, sans retenue, laissait ses mains se perdre sur ses tatouages, se calant contre lui, tandis que lui cherchait chaque fragment de son parfum, ses lèvres effleurant sa peau, savourant chaque grain de son cou.

Chaque souffle qu'elle lâchait le faisait manquer un battement.
Il s'attardait sur sa taille, enlaçant sa silhouette avec une tendresse profonde, avant de soupirer, à court de mots.

C'était elle.
Ça avait toujours été elle, et ça serait éternellement elle.

Le pouvoir du temps

Il adorait la taquiner.

Il savait combien il appréciait voir ses éclats de rire résonner dans une pièce, la faire tourner sur elle-même, ses pieds nus effleurant les tapis. Quand elle souriait, elle illuminait son cœur et, dans un élan de bonheur, il la blottissait contre lui, le corps envahi de frissons à l'idée qu'ils pouvaient grandir en même temps, tout en retombant en enfance à chaque instant.

Le temps avait le goût de son étreinte, chaque retrouvaille emplie d'une douce chaleur. Et quand ils étaient ensemble, le monde pouvait bien s'embraser.

À travers le pire

Il n'avait jamais su affronter les disputes sans se réfugier à l'extrême opposé. Un frisson au cœur, un malaise qu'il n'arrivait pas à apaiser, à part en voulant se brûler les doigts avec un paquet de cigarettes.

Puis, soudainement, quand ils parvenaient à mettre des mots sur leurs maux, tout semblait se dénouer, comme une tempête qui s'éteint, laissant place aux couleurs d'un arc-en-ciel éclatant.
Debout, face à l'immensité qu'elle était, il faisait un pas, puis un autre, vers celle qui n'avait jamais eu besoin de l'appeler pour qu'il soit à ses côtés.

Quand, enfin, ses lèvres effleurèrent les siennes, il se sentit respirer librement.

Elle le rendait fou.

Nuit blanche

Enroulée dans ses bras, son nez enfoui de temps à autre dans les draps, elle lui murmurait le récit de sa journée, les yeux brillants d'une passion infinie, chaque baiser volé portant la chaleur de son amour.

Il était à la fois son allié et son refuge, oscillant entre moments sérieux et tendresse inattendue. Peu importait l'heure, la lune ou le soleil au-dehors, ce qui comptait, c'était qu'elle soit simplement elle-même.

Parce qu'il ne cessait de s'épandre d'elle et du temps qui glissaient entre leurs doigts entrelacés, dans le silence des nuits où les heures se fondaient à leur complicité.

Papillon

Quand elle se mettait à se ronger les ongles, il s'approchait d'elle pour la sortir de ses doutes, l'entraînant dans un monde où il souhaitait qu'elle s'abandonne à l'inconnu. Un pied après l'autre dans le vide, il l'encourageait à suivre son propre chemin, celui qu'elle n'aurait jamais osé emprunter sans un petit coup de pouce, juste assez pour qu'elle puisse se découvrir telle qu'elle était vraiment.

Libre.

Elle portait déjà en elle la force de surmonter n'importe quelle épreuve. Sa main dans la sienne, il veillerait à chaque instant à ce qu'elle se sente soutenue, à chaque pas.

Fendre les siècles

Sur ce balcon qui surplombait la ville bruyante, elle s'était accoudée à la rambarde, esquissant un sourire. Le monde s'affairait à ses pieds, en mouvement incessant, et pourtant, il pouvait tourner sans eux.

Parce qu'il lui suffisait de pivoter vers lui à cet instant pour que tout bascule. La pluie pouvait tomber à torrents, rien n'aurait arrêté les pas qu'il faisait vers elle. Une chaleur enivrante s'emparait de lui, tandis qu'elle riait, sa chemise trempée glissant sur ses épaules, lui donnant des airs de muse.

C'était une reconnexion totale avec sa vraie nature, comme s'ils se retrouvaient après des vies perdues sans jamais s'être trouvés.

Il devenait immortel lorsqu'elle était là.

L'extase

Il avait bien du mal à détacher son regard de sa silhouette, surtout en public. Derrière la délicatesse d'un instant de gloire, il savourait toutes ses cicatrices, chaque faille qu'elle avait surmontée pour en arriver là.

Ils les avaient embrassées.

Ses lèvres, son cœur. Ses perfections, ses blessures. Il transformait le moindre détail en un tout. Alors, derrière elle, il esquissait un sourire avant de sentir ses prunelles chercher les siennes. Elle ne tardait jamais à le trouver.

Le rythme du cœur

Il n'avait jamais prêté attention à ses émotions avant elle.

Puis, il avait entendu ses battements, et tout était devenu clair.

Elle était une valse au milieu de sa vie.

L'essence

Il avait décidé de la surprendre une fois de plus, prenant sa main sans se soucier des nuages qui s'assombrissaient à l'horizon. À travers la fenêtre de leur hôtel, le paysage de rêve s'étendait, mais c'était à elle qu'il voulait prêter attention, l'observant s'évader dehors, là où la pluie nourrissait chaque flamme.

Elle était pour lui la plus belle des cascades d'émotions.
Témoins de sa grandeur, de sa fragilité et de sa force, il s'épanouissait dans la vie qu'elle lui offrait, le regard rivé vers le ciel.

Au cœur de la nature, elle était une vérité éclatante.

Pas une nuit sans elle

Il était parti la chercher en pleine nuit, bravant les interdits, défiant les regards. Sa main dans la sienne, il l'entraînait à pas feutrés le long du couloir, leurs murmures et leurs rires légers flottant dans l'obscurité, risquant l'ombre d'un reproche s'ils venaient à être surpris.

Lorsque la porte se referma derrière eux, il la souleva, l'emportant jusqu'à son lit, où ses yeux caressèrent une silhouette dont il ne se lasserait jamais. Reine de son royaume, il la porterait dans ses bras, avant, pendant, après.

Car dans quelques heures, c'est elle qui porterait son nom. Ensemble, ils danseraient, éclatants d'amour, exposant leur passion au regard du monde.

Sous le vent

S'enveloppant dans les draps, elle se leva pour ouvrir les portes de la terrasse. Le soleil couchant baignait le ciel d'or et de pourpre, tandis que des centaines de cerfs-volants y dansaient, emportés par le vent.

Il avait voyagé toute sa vie, foulé mille lieux et mille histoires. Mais redécouvrir le monde à ses côtés, c'était lui donner une autre couleur, une nouvelle lumière.

Elle était son plus bel horizon. Là où il n'avait plus besoin d'avoir les pieds sur terre, là où l'audace les portait toujours plus loin.

Un flottement

Dans sa robe d'été, elle dévalait les escaliers, ses chaussures à la main, refusant de ralentir sa course vers la plage. Lui, resté en arrière, la regardait, absorbé par sa silhouette qui donnait à ce décor une beauté nouvelle.

Et, il s'arrêta, frappé par l'évidence : ils étaient seuls.

Et lorsqu'ils l'étaient, tout changeait. Une faille s'ouvrait dans le temps et l'espace, un instant suspendu où elle se livrait à lui, sans retenue.

Il laissa tomber leurs affaires sur le sable, comme elle jeta ses propres vêtements, avant de courir vers elle. L'eau les accueillit, mais rien ne put freiner l'élan brûlant de ses lèvres contre les siennes.

Un souffle de vie

Il manquait toujours un battement dans la cage qu'elle avait ouverte d'un geste vif.

Peut-être était-ce celui qu'elle lui avait volé en le touchant, emportant avec elle une mélodie dont il ne se serait jamais cru capable de tomber à genoux.

Et d'un seul sourire, elle le lui rendait.

Une vibration

À ses côtés, il lui était impossible de rester inactif. Du bout des doigts, il pianotait doucement sur son genou sous la table, créant un espace à eux au cœur du brouhaha du dîner.

Les conversations animées faisaient naître des éclats de rire sur ses lèvres, mais il suffisait de ce simple geste pour qu'elle frémisse, et que ses fines jambes se tournent imperceptiblement vers lui.

Dans le chaos ambiant, leur lien restait intact, indomptable, à l'abri des regards. Brûlant l'un contre l'autre, ils attisaient les flammes sous la braise, attendant patiemment l'instant où, enfin seuls, ils sauraient se consumer comme ils en avaient l'habitude.

La touche finale

Ce n'était pas qu'une image lorsqu'il rêvait de l'élever au-dessus de lui. Il voulait la voir rayonner, elle, ce fragment d'étoile qui illuminait déjà son ciel. Mais plus encore, il avait besoin qu'elle prenne conscience de son propre éclat.

S'il le fallait, il la porterait sur ses épaules pour qu'elle puisse, elle-même, décrocher les astres.

Comme en cet instant, où il la hissait doucement, lui offrant la hauteur nécessaire pour poser la touche finale sur le sapin de fête.

L'attraction

D'un geste instinctif, elle effleura son bras en passant à côté de lui, comme à son habitude. Mais cette fois, il referma doucement sa deuxième main sur la sienne, l'empêchant de s'échapper. Surprise, elle se tourna vers lui, cherchant dans son regard la raison de cette prise, cet instant hors du temps.

Un air malicieux sur les lèvres narquois, il l'invita à s'installer sur ses genoux, lançant un pari silencieux : lequel des deux céderait le premier aux charmes de l'autre ?

Ainsi s'ouvrait une parenthèse, hors du tumulte du monde. L'attente et la hâte s'entrelaçaient avec une harmonie parfaite, leurs sourires se défiant, le charisme de l'un provoquant inévitablement la perte de l'autre.

Tout n'était que jeu entre eux. Tout, sauf les sentiments. Ceux-là étaient le cœur de tout, précieux et inébranlable.

Personne d'autre qu'elle

Blottie contre lui, elle soupirait d'une façon qui le troublait. Sans le savoir, il était devenu cet espace serein où elle pouvait enfin lâcher prise, abandonnant ses barrières pour se livrer telle qu'elle était. Qu'importent les jours, bons ou mauvais, il aimait croire qu'elle trouvait en lui son refuge.

Là où elle pouvait s'exprimer sans crainte. Pleurer sans peur du jugement. Jurer sans retenue. Rire sans se soucier du bruit, jusqu'à l'embrasser avec une passion dévorante.

Dans ses bras, elle se laissait finalement aller. Et dans ces instants-là, il la découvrait encore plus belle. Belle comme au naturel.

Sa Reine

Elle était de ces princesses qui savaient que la véritable couronne ne se portait pas sur la tête, mais dans le cœur. Et si les batailles exigeaient une épée, il serait le premier à la lui placer entre les mains.

Elle régnait sur l'empire que formait chacun de ses battements.

Et lui, il n'aspirait qu'à devenir son roi éternel, à trôner à ses côtés, digne de la sagesse et de la grandeur qu'elle incarnait.

En tête à tête

Lorsqu'il reposa son tas de cartes sur le plateau, elle plissa les lèvres, déçappointée. Elle l'avait prévenu avant même de commencer : elle avait toujours été une mauvaise perdante. Mais visiblement, il ne s'attendait pas à ce qu'elle le soit à ce point-là.

Installée en tailleur autour de la table basse du salon, elle avait tout tenté pour le déconcentrer : un pied taquin contre sa jambe, des blagues lancées au bon moment pour lui faire rater ses coups. Il mit du temps à comprendre son manège, mais jamais il ne lui offrit la victoire sur un plateau.

Alors, quand elle finit par remporter une manche, elle explosa de joie, dansant autour de lui pour célébrer son triomphe. Et lui, immobile, se contenta de l'observer vivre sous ses yeux.

Avec ses sourires, il avait déjà tout gagné.

Des mots

Certains se reflétaient dans le miroir de la salle de bain, attendant patiemment qu'elle sorte de sa douche, tandis qu'il avait dû partir en vitesse. D'autres restaient collés à sa tasse de thé, et quelques-uns se cachaient sous son oreiller.

Elle avait ce pouvoir de basculer sa vie avec quelques mots. Lui, il s'efforçait de devenir meilleur chaque jour, dans l'espoir de faire naître des sourires qui illumineraient son cœur tout au long de son existence.

Entre les mots et les gestes

Assis sous l'un des nombreux arbres du parc, elle avait profité d'une pause entre deux cours pour lui raconter un peu d'histoire sur les voyageurs irlandais. S'il n'y connaissait rien, il buvait ses paroles attentivement, bien que son regard se perde passionnément dans ses gestes, tandis qu'elle poursuivait la conversation.

Elle passait ses mèches rebelles derrière ses oreilles, arrachait quelques brins d'herbe nerveusement à leur place alors qu'ils s'étaient installés à même le sol. Puis, elle s'arrêta sur la première marguerite qu'elle fit tourner entre ses doigts, suspendant un instant sa phrase.

À chaque pétale qu'elle effleurait, il l'entendait, comme une petite mélodie, murmurer les mots « un peu, beaucoup… »

« Fusionnellement », ajouta-t-il à sa place, lui faisant lâcher la fleur, avant de soulever doucement son menton entre ses doigts pour combler la fin de son récit à sa manière.

Fragments d'âme

Dans les plus infimes détails du quotidien, il laissait échapper un sourire avant de redevenir sérieux. Au moment où une chanson effleurait ses oreilles, lorsqu'il apercevait un chat noir, une étoile filante dans la nuit, un cerisier, ou un de ses cheveux égarés sur son pull, quand le titre d'un livre qu'elle avait mentionné lui revenait en mémoire, celui-là même qu'elle disait valoir la peine d'être vécue.

Il songeait à elle en croisant une fleur aux teintes de ses lèvres, ou en observant le bleu d'un ciel naissant sous un nouveau jour.

Elle ignorait combien de fois il la portait dans ses pensées, à chaque instant, à chaque regard.

Entre ombre et lumière

Des yeux pour la dévorer. Un horizon pour rêver. Une lumière pour se repérer, un secret à chérir. Un rire pour apaiser, des mains pour l'élever.

Un cœur à conquérir.
Et leurs ombres pour s'aimer.

Là où le jour et la nuit ne faisaient plus qu'un.

Sa sorcière bien-aimée

Elle dégageait une magie exaltante chaque fois qu'elle parlait avec passion. Vivant à travers ses émotions, elle les lançait dans l'air, saisissant le moindre détail pour rendre chaque moment exceptionnel. Son énergie vibrait autour d'elle, résonnant comme une onde, l'arrêtant dans ses pensées, complètement envoûté par son charme.

Sur ses lèvres, chaque mot murmurait sur l'oreiller comme une incantation, et il laissait librement son regard se perdre sur elle, errant sur les traits de son visage. Un soupir silencieux s'échappait de lui lorsqu'elle lui demandait son avis, un peu égaré dans l'intensité de l'instant.

Il était totalement ensorcelé.

À sa rencontre

    Quand il croisait son regard, c'était l'alignement parfait de deux mondes opposés.
    Ils s'imbriquaient par leurs différences, se complétant dans leur divergence. Comme le ciel face à la terre, ou les océans contre le feu, leur rencontre était une explosion.

    Une intensité qu'il glissait sans cesse entre chaque baiser, sans hésitation, empli de désirs et d'émotions qu'il n'avait jamais connus auparavant.

La source

Un pied dans le froid, elle s'agrippait déjà à lui, glissant sa main sous son bras tandis qu'il se rapprochait d'elle. Le col relevé contre le vent qui sifflait dans ses oreilles, il leva le nez vers le ciel nuageux, menaçant à tout instant de les submerger sous une pluie torrentielle.

Alors qu'il voulait l'encourager à hâter le pas, il fut subjugué par elle, les yeux fermés, respirant l'odeur du déluge qui s'avançait, un fin sourire sur les lèvres.

Il se posa devant elle, bien conscient que rien ne la ferait s'aventurer plus vite à cet instant. Les premières gouttes tombaient déjà sur ses joues, la laissant s'affranchir de toute logique, de tout bon sens qui l'aurait poussée à chercher un abri contre le froid. Il n'eut d'autre choix que de resserrer tendrement son écharpe autour de son cou gracile, soupirant faussement d'ennui.

Elle était belle sous cette pluie. Elle était un rayon de soleil qui faisait naître le plus précieux des arcs-en-ciel dans son cœur.

Sa complice

Dès qu'elle le voyait assis sur le banc, elle coupait ses entraînements pour venir le rejoindre, les cheveux au vent, sous les hurlements de leurs amis. C'était une allée d'innovation lancée à travers le temps, un moment où il n'y aurait aucun mot pour décrire leur regard, tant il était impossible d'expliquer ce qu'ils partageaient.

C'était une bulle où elle pouvait être authentique, vulnérable, sensible. Dans les instants les plus compliqués, il tenait à être à ses côtés, même en silence, tant qu'il pouvait l'accompagner. Cette confiance, cette sécurité, il y travaillait chaque jour pour lui offrir le meilleur de lui-même.

Il aimait la ressentir, l'écouter, la voir vivre dans toutes ses nuances.

Il disait oui à tout.

Surtout lorsqu'elle venait se pendre à son cou, cherchant ses lèvres.

Les nuits en boucle

Recouvrant sa peau de la sienne, il se réveillait en glissant ses lèvres dans le creux de son cou, prolongeant les rêves qu'il faisait d'elle. Encre des draps imprégnée de son parfum, il s'infusait de son odeur, la gardant au creux de son âme, assez pour se souvenir d'elle dans toutes les existences à venir. Le cœur accroché sur le bord de ses yeux, son corps devenait fou de cette liberté, oubliant le monde dans le frisson de ses baisers.

Elle suspendait les seconds pour le retenir un peu plus longtemps. Avec elle, les rêves n'avaient jamais sommeil, et il s'y ancrerait pour des vies entières.

Les petites attentions

La nonchalance avait toujours fait partie de lui.

Un sourire narquois, une indifférence constante, une arrogance indomptable. On disait de lui qu'il pouvait être imbuvable, prétentieux, mais ceux qui le connaissaient bien avouaient qu'il était simplement sûr de lui. Il savait ce qu'il voulait et comment l'obtenir en s'y donnant les moyens, même si cela signifiait souvent mettre de côté ce qui n'était pas une priorité.

Pourtant, avec elle, il ne pouvait s'empêcher de glisser une fleur derrière son oreille avant de reprendre la conversation, comme si de rien n'était.

Les jardins de la lune

Lorsqu'il avait compris que le murmure de son cœur portait son nom, il s'était levé, laissant ses affaires tomber, et s'était précipité vers les jardins. Il avait ressenti ce pincement imperceptible, comme si elle l'appelait en silence.

Elle était là, allongée sur un parterre de fleurs, les mains derrière la tête, les cheveux écarlates étalés autour de ses épaules, les yeux fixés sur les étoiles filantes. Ses prunelles brillaient, ébahis par l'immensité que le ciel déployait au-dessus d'eux.. Envahi par une bouffée de chaleur, il s'étendit à ses côtés, un frisson courant sur le bout de ses doigts qu'il osa effleurer, tandis qu'une larme solitaire creusait ses tempes.

Elle trouvait que l'univers offrait une beauté à couper le souffle. Lui savait que le reflet dans ses yeux était bien plus éloquent.

Elle faisait fleurir son cœur.

Sensible

C'était l'un de ses traits qu'il aimait éperdument.

À chaque brèche qui s'ouvrait dans son cœur, il se précipitait vers elle, la serrant contre lui, lui offrant sa chaleur pour combler ses peines et ses joies.

Elle vivait.
Elle vivait ses émotions avec une intensité profonde et complexe, qui le faisait vibrer à son tour.

Elle existait. Et dans son univers, il s'égarait, emporté par la surprise de ce monde.

2h du matin

Lui glissant son verre d'eau sur la table, il la regardait, tandis qu'un parfum alléchant s'élevait dans l'air. Elle s'était faufilée dans son t-shirt, qui lui arrivait juste au-dessus des genoux. Cette vision subtile le poussait à détourner les yeux, de peur de perdre son cœur dans les picotements qu'elle lui inspirait. Il préférait se concentrer sur les pâtes qui bouillonnaient dans la casserole, aussi brûlante que lui.

Et alors qu'elle s'approchait, humant l'arôme du plat qu'il préparait, il lui fit goûter à la cuillère, soufflant doucement dessus avant de lui en éclabousser le nez sous un éclat de rire.

Il se vouait à combler ses moindres désirs, chaque grognement de faim, sans jamais risquer de laisser sa mine se transformer en celle d'un chaton mécontent.

Écho du passé

Il ne cesserait de créer de nouveaux souvenirs avec elle, ceux qu'il rêverait de chérir dans les vies à venir. À chaque fois qu'elle était sur le guidon de son vélo, chaque fois qu'il la faisait tourner dans le salon, chaque fois qu'elle riait sur ses genoux, chaque fois qu'il lui effleurant sa main dans une ruelle, chaque fois qu'elle souriait en recevant des fleurs, chaque fois qu'il allumait les bougies pendant qu'elle prenait son bain.

À chaque fois qu'il la portait sur son dos, chaque fois qu'il essuyait ses larmes, chaque fois qu'il ajustait le col de son manteau, chaque fois qu'il effaçait le rouge de ses lèvres par les siennes, chaque fois qu'il pressait un baiser sur sa nuque.

Tous ces instants seraient des échos du passé, des trésors à redécouvrir.

Les prochains chapitres

L'enlaçant tendrement, il riait en fixant le même horizon qu'elle. Un ciel aussi bleu que ses yeux, où le soleil venait enflammer ses cheveux de feu. Elle esquissa un sourire en coin, devinant qu'il serait le premier à craquer pour ses lèvres rouges à cet instant précis.

Une main posée sur son ventre rond, il savait qu'ils reviendraient ensemble, prêts à découvrir une nouvelle manière de respirer dans un monde toujours plus vaste.

À chaque rencontre qu'il aurait le privilège de vivre avec elle, dans chaque existence à venir, il ferait de chaque seconde à ses côtés une éternité.

Merci infiniment d'avoir pris le temps de découvrir
ce recueil de poèmes romantiques !

« Quelques Secondes d'Eternité »
fait partie de la collection *« Âme sœur »*,
un ensemble de romans sentimentaux.
Le premier livre de cette collection,
« Et si c'était sous mes yeux »
est disponible depuis le 4 avril 2025.

SUIVEZ-MOI SUR LES RÉSEAUX POUR EN SAVOIR PLUS

@vasukiwoehrelauteure

À bientôt pour de nouvelles aventures !